Angelfish

Angelfish

Angelfish

Angelfish

Catfish

Catfish

Catfish

Catfish

Bettas

Bettas

Bettas

Bettas

Discus

Discus

Discus

Discus

Pearl Gourami

Pearl Gourami

Neon Tetras

Zebra Danios

Zebra Danios

Zebra Danios

Guppies

Guppies

Guppies

Barb Fish

Barb Fish

Barb Fish

Goldfish

Goldfish

Goldfish

Goldfish

Molly Fish

Molly Fish

Molly Fish

Molly Fish

Platy Fish

Platy Fish

Clown Fish

Clown Fish